J. LEMAIRE

...NGAGE PRIMITIF

... A L'ACADÉMIE DES INSCRIPTIONS ET BELLES-LETTRES

LE 30 OCTOBRE 186.

PAR

L. BENLŒW

Professeur à la Faculté des lettres de Dijon

PARIS

67, rue Richelieu

LIBRAIRIE A. FRANCK

LEIPZIG

10, 11 Qu...

A. FRANCK ...

Albert L. HEROLD, ...

Libraire de la Société de l'École impériale des Chartes ...
des Antiquaires de France

1863

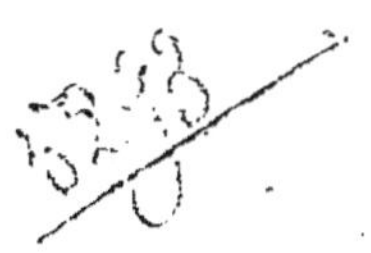

Paris, imprimerie de Jouaust et fils, rue Saint-Honoré, 338.

DE QUELQUES CARACTÈRES

DU

LANGAGE PRIMITIF

LU A L'ACADÉMIE DES INSCRIPTIONS ET BELLES-LETTRES
LE 30 OCTOBRE 1861

PAR

L. BENLŒW

Professeur à la Faculté des lettres de Dijon

PARIS	LEIPZIG
67, rue Richelieu	10. 11. Querstrasse
LIBRAIRIE A. FRANCK	A. FRANCK'sche Verlagshandlung

Albert L. HEROLD, Successeur

Libraire de la Société de l'École impériale des Chartes et de la Société impériale
des Antiquaires de France

1863

AVANT-PROPOS.

Les idées renfermées dans les pages qui suivent ont été exposées par moi, il y a longtemps, à la Faculté des lettres de Dijon ; elles existent en manuscrit depuis 1858. Bien avant cette époque, je m'étais aperçu du grand avantage que le linguiste pouvait tirer d'une étude attentive de la grammaire chinoise. M. Max Müller, dans son bel ouvrage « *Science of language* », a eu recours, lui aussi, aux lumières de notre grand sinologue M. Stanislas Jullien, qui lui a fourni de précieux renseignements. Parti du même point que moi, M. Müller est souvent arrivé aux mêmes résultats. Je m'estime heureux de m'être rencontré dans plus d'une occasion avec l'indianiste éminent, qui récemment encore a vu ses travaux accueillis par le suffrage de l'Académie des Inscriptions et Belles-Lettres.

Paris, le 20 octobre 1862.

DE QUELQUES CARACTÈRES.

DU

LANGAGE PRIMITIF

Lu à l'Académie des Inscriptions et Belles-Lettres
le 30 octobre 1861.

Par langage primitif nous n'entendons pas le mode de s'exprimer employé par Adam et Ève au Paradis terrestre, ni une langue déterminée de notre globe, telle que l'hébreu, le sanscrit, l'égyptien, considérée comme l'idiome dont se seraient servis nos premiers pères. Nous entendons par langage primitif l'état rudimentaire où se trouvaient toutes les langues à nous connues, indo-européennes, sémitiques ou autres, à l'époque primordiale qui vit se former les différents groupes de peuples destinés à les parler. Nous ne nous proposons pas de traiter de l'unité de notre race envisagée sous le point de vue de la linguistique, encore moins songeons-nous à la combattre. Cette unité est un dogme de nos religions modernes : les sciences naturelles, si imparfaites qu'elles soient, ne répugnent nullement à accepter, même dès aujourd'hui, ce dogme comme une vérité scientifique, pourvu qu'on n'attache pas au mot « unité » un sens trop littéral. La grammaire comparée, science née d'hier, est forcée sans doute de s'arrêter dans ses conclusions encore en deçà de la limite tracée par les sciences naturelles. Mais, quelque incomplets que soient les matériaux dont elle dispose, elle peut découvrir, à l'aide d'un procédé d'analyse connu des hommes spéciaux, certains caractères communs à tous les idiomes, dont nous pouvons étudier l'histoire et suivre les évolutions. Ces découvertes ne sont pas assez importantes pour asseoir sur la base de la raison et de la certitude philosophique le théorème de l'unité de toutes les races humaines ; mais elles seraient encore les bien venues, espérons-le au moins, si à leur aide nous parvenions à répandre quelques nouvelles lumières sur la question si obscure et si controversée de l'origine du langage.

I

En théorie, quel a dû être le langage des premiers hommes ? Chaque impression qui les frappait devait être une, quelque multiples qu'eussent été les éléments qui la produisaient. Le sentiment, le concept, qu'elle provoquait, devait avoir le même caractère d'unité. Un seul son, une seule syllabe aidée du geste et du regard, devait leur suffire pour l'exprimer. La faculté de parler est une faculté noble et difficile, qui avait besoin d'être exercée longtemps avant d'être une habitude aisée. Les premiers hommes parlaient lentement et gravement, comme Wilh. Grimm l'a si bien fait remarquer dans son écrit sur les Runes. Chez eux, chaque mot portait, chaque modification du son primitif impliquait une modifi-cation de la pensée.

Nous sommes donc amené, par le raisonnement *a priori*, à voir dans les débuts de la parole humaine un monosyllabisme presque interjectionnel. Or c'est préci-sément ce monosyllabisme que nous trouvons en réalité à la base de tous les idiomes qu'on a pu analyser con-venablement. Le fond de la langue sanscrite, qui a con-servé à un plus haut degré que toutes ses sœurs le cachet des âges primitifs, se compose d'à peu près 2000 de ces monosyllabes, appelés *racines* par les grammairiens. Les racines ne sont pas des êtres abstraits, créés par l'imagination des linguistes ; c'étaient des mots réels, véritables, comme il est prouvé par la publication des Védas, qui en renferment un grand nombre. Ce qui ca-ractérise les racines, c'est qu'elles n'appartiennent, par leur forme extérieure, à aucune des catégories du dis-cours ; qu'elles sont verbes, noms, même adverbes, selon la nature du suffixe dont elles sont suivies. La langue des anciens Égyptiens nous fournit plus d'un exemple de phrases formées à l'aide de ces mots-racines, aux-quels l'ordre seul dans lequel ils se succèdent donne un sens et une valeur précise. Dans cet idiome, *mon hor* signifient « le berger paît », et *hor mon* « le pâtre sur-veille », *mon* et *hor* étant tour à tour verbes et substan-tifs (*mon*, pâtre, paître ; *hor*, surveiller, berger surveil-lant). Un philologue illustre, Guillaume de Humboldt, a réussi à décomposer des séries de mots polysyllabiques tirés d'une foule de langues, et présentant des sens simples; il a retrouvé ainsi le monosyllabisme au fond du malais, du barman, et d'idiomes même très-complexes, tels que le basque et le mexicain. Seules les langues sémitiques ne paraissent pas rentrer dans la loi générale, ou, pour mieux dire, le préjugé bizarre qui attribue à leurs premiers mots un caractère dissyllabique s'est maintenu avec opiniâtreté jusqu'à présent. Et cependant il suffit d'un coup d'œil jeté sur un dictionnaire hébraïque pour y découvrir des centaines de monosyllabes. Il est vrai que la plupart des racines verbales renferment trois consonnes, et sont « trilitères », comme on dit, mais un très-grand nombre d'entre elles se ramènent sans effort à la forme monosyllabique. Qui nierait que *nadah, nadad*, sont des formes allongées de *noud* (fuir); *dahha, dahhah, dahhahh*, de *douhh* (frapper)? que les monosyllabes *doush* (battre le blé), *tzouk* (verser), *kout* (éprouver du dégoût), *souk* (céder), etc., sont plus anciens que *adash, nakat, yatzak, nasak?* Souvent aussi la troisième consonne introduit une nuance nouvelle dans la signification plus générale de la racine monosyllabique, sans que pour cela le rapport qui unit celle-ci aux racines dérivées puisse être mis en doute. Nous citerons *par* (porter et emporter, briser), forme primitive à laquelle se rattachent : *para, parah, parad, paras, parahh, param, paratz, parak*, et beaucoup d'autres. D'autres séries sont : 1° *dour*, puis *darar, darahh, darag, darab*; 2° *hhar*, c'est-à-dire *hharar, hharah, hharab, hharag, hharac, hharak, hharatz*, etc., etc.

Nous ne prétendons pas retrouver le fil qui relie toutes les racines dissyllabiques à des monosyllabes primitifs, quoique nous n'ignorions pas que l'entreprise ait été tentée. On ne pouvait se promettre de cette entreprise un succès décisif, vu l'état fragmentaire dans lequel nous sont parvenus les idiomes sémitiques, et notamment le plus ancien de tous, l'hébreu. Nous nous proposons de revenir une autre fois sur le monosyllabisme sémitique, et d'en traiter d'une manière plus détaillée. Nous espérons faire connaître alors quelques séries nouvelles qu'on n'a pas encore songé à grouper, et celles-ci en feront découvrir d'autres sans doute. Bornons-nous à dire que le monosyllabisme primitif des langues sémitiques est considéré aujourd'hui par tous les grands orientalistes de l'Allemagne comme un fait acquis à la science, quoiqu'ils emploient des méthodes différentes pour l'expliquer. Ce qui en a pu faire douter si longtemps, c'est la circonstance que la seconde syllabe des racines dissyllabiques présente un élément irréductible, qu'elle n'est jamais une racine nouvelle, mais un son pris un peu au hasard pour nuancer ou développer ultérieurement le sens de la première syllabe. Ce mode de procéder n'appartient pas exclusivement aux langues sémitiques. Pour en trouver des exemples dans les idiomes indo-européens, on n'a qu'à citer des formes telles que : *dico* et δείκ-νυ-μι, αὔξω et αὐξάνω, εἴκω et εἰκάθω. On a beaucoup écrit sur la valeur des syllabes formatives -νυ-, -κν-, -κθ-, et d'autres encore; mais il ne sera venu à la pensée de personne de les envisager comme des mots indépendants.

Les considérations qui précèdent auront donné peut-être à la doctrine du monosyllabisme un certain degré de vraisemblance ; et cette vraisemblance s'élèverait presque à la certitude s'il existait des langues où le caractère monosyllabique se fût maintenu jusqu'à nos jours. Or ces langues existent; la plus connue et la plus étonnante de toutes est le chinois. Il est impossible qu'en examinant de près sa grammaire si imparfaite et son lexique si étrange, nous ne découvrions pas certaines traces du langage primordial de la Chine d'abord, puis d'autres pays et d'autres races, si l'on peut prouver que leurs idiomes ont ressemblé à l'idiome chinois aux premiers jours de la création.

Le chinois est une langue monosyllabique, — c'est un fait incontestable ; mais en a-t-il toujours été ainsi ? On a essayé, dans les derniers temps, de mettre en doute le caractère de fixité constante, malgré quelques changements de détail, que la grammaire et les mots chinois ont conservé à travers les siècles. Tout récemment encore on a voulu voir dans le chinois une langue très-modifiée par l'usage, et qui, à force de servir, aurait perdu la plupart de ses aspérités, comme les cailloux perdent leurs angles à force de rouler sur le rivage de la mer. On ne manque pas d'ajouter que dans nos idiomes le même fait s'observe sur une plus petite échelle, et à la multitude d'homonymes que le chinois renferme on oppose quelques exemples, tels que *tour* de *tornus*, et *tour* de *turris;* en anglais, *buy* (acheter) et *by* (par), tirés du verbe gothique *bugjan* (?).

Nous verrons quelle valeur il faut attribuer à ces comparaisons aventureuses ; constatons d'abord que, quelque haut que l'on remonte dans l'antiquité chinoise, partout le langage de ce peuple présente la même roideur de monosyllabisme. Or on peut remonter très-haut dans la littérature et l'histoire de ce peuple singulier. Ainsi, dans le *Chou-king*, dans le *Chi-king*, et dans l'*Y-king*, on rencontre des passages et des poésies entières qui datent des premiers temps du Céleste-Empire ; et, comme nous venons de le dire, on en peut poursuivre les annales jusqu'à l'an 2400, et peut-être jusqu'à 2700 avant notre ère. Ces annales, d'ailleurs, ne ressemblent nullement à celles des autres peuples. Elles se distinguent surtout par un caractère prosaïque et par le sens de la réalité qui y domine. Ainsi, elles nous apprennent, avec la précision des journaux de notre siècle, qu'il y a plus de 4000 ans Nankin a été dévoré par un incendie ; qu'en l'an 2297, sous l'empereur Yao, les pays bas de la Chine ont été inondés par les débordements des grands fleuves, le Hoangho et le Yang-tse-kiang ; que tel ou tel jour le collége des prêtres a été dissous par l'empereur, etc., etc. Des renseignements si nets, si précis, présupposent des traditions écrites non interrompues, et par conséquent une langue restée la même dans son principe essentiel.

Au surplus, l'écriture chinoise, malgré les transformations nombreuses qu'elle a subies, est une preuve des plus éclatantes du caractère monosyllabique de tous les mots de la langue. Les commencements de cette écriture existèrent très-certainement vers 2400, mais ils remontent, selon toutes les apparences, à 2900 (1). Or, à cette époque si éloignée de la nôtre, le chinois se serait donc déjà trouvé dans une profonde dégénérescence ; ses mots auraient déjà commencé à perdre ces formes plus amples, plus riches, mais aussi plus rudes, qu'ils auraient tenues d'une synthèse primitive ! Et où va-t-on chercher le type mieux conservé de cette langue plus antique et plus parfaite ? Dans le pays des Barmans, colonisé et civilisé par les Chinois à une époque relativement récente. Il est certain que la langue des Barmans montre une tendance assez visible à sortir du monosyllabisme, qui n'en est pas moins la loi principale. Il en est de même de beaucoup d'autres langues de l'Indo-Chine et du Tibet, et même de l'idiome des Mandchoux. D'après nos adversaires, la langue chinoise seule serait tombée dans l'état de décrépitude où nous la trouvons maintenant, tandis que les nombreuses peuplades à demi barbares qui entourent l'empire du Milieu parleraient des idiomes

(1) Voici ce que nous disions à ce sujet en 1859 (*Revue européenne*, 1er octobre, p. 193) : « Entre 3000 et 2900, les premiers éléments de l'écriture furent inventés par Fohi. C'étaient des lignes horizontales et brisées, qui, gravées sur des planchettes, se combinaient à volonté. On les appelait aussi *lignes suspendues*, parce qu'elles étaient suspendues dans les lieux les plus fréquentés, et qu'elles étaient exposées à la vue des peuples. Ce fait est d'une importance souveraine : car il est constant désormais qu'à une époque immémoriale la parole était fixée en Chine par des signes visibles, et que ces signes étaient connus de tout le monde. Le même caractère rappelant constamment le même son, et le même son étant représenté toujours par le même signe, la tradition du langage fut établie irrévocablement. La langue chinoise était encore dans sa phase monosyllabique lorsque cette tradition commença. Comme celle-ci ne fut jamais complétement interrompue et se fortifia encore par le mandarinat et la fondation des écoles, le chinois resta ce qu'il avait été au premier jour, etc., etc. »

dans lesquels éclateraient encore des traces multipliées d'un langage plus complet, plus synthétique. Mais, en vérité, il est inutile de discuter ces chimères, et de nous arrêter un seul instant aux assertions gratuites de quelques linguistes qui ont plus de présomption que de savoir.

Ce qui prouve d'une manière victorieuse que le chinois a toujours été monosyllabique, c'est qu'il ne renferme aucune trace d'une synthèse antérieure. Toutes les langues modernes qui, à notre connaissance, sont parvenues à leur période analytique, gardent quelques restes de leur ancien système grammatical plus complexe. Les formes flexives de l'allemand sont nombreuses et très-difficiles à apprendre ; le français, l'italien et l'espagnol ont hérité d'une partie des formes synthétiques du latin ; l'anglais lui-même, malgré ses formes mutilées, malgré la perte de presque toutes les désinences flexives, a conservé dans la déclinaison le signe du génitif singulier et du pluriel, dans la conjugaison ceux de la seconde et de la troisième personne du singulier au présent, et de la seconde à l'imparfait, exprimé lui-même ou par une terminaison ou par la modification de la voyelle radicale. Eh bien, le chinois, auquel l'anglais de nos jours a été tant de fois comparé, ne présente aucun fait pareil. Non-seulement tous ses mots ont été des monosyllabes, mais ils sont restés inféconds, immobiles, immuables, et c'est par là surtout que le chinois se distingue des autres langues dont l'histoire nous est connue.

En effet, la langue chinoise, étant dépourvue de tous

moyens de flexion, de dérivation et même de composi-
tion véritable, a dû y suppléer de bonne heure par l'emploi de particules précédant ou suivant les termes dont
elles indiquent les rapports. A l'origine, les autres langues ont dû procéder de la même manière ; mais peu à
peu elles ont combiné avec les mots *pleins* de la phrase
ces particules qui servent pour ainsi dire d'appoint au
discours, tandis que les Chinois leur ont conservé toute
leur indépendance. Cette classe de mots que la grammaire chinoise appelle les mots *vides*, et dont le chiffre
s'élève à plusieurs centaines, comprend toute la série des
particulæ expletivæ et *numerales*, c'est-à-dire des mots
qui ne comptent que par leur nombre, et non par leur
poids . Mais il y en avait bien moins à l'origine, et alors
ils étaient d'un usage moins fréquent. — Pour ne pas
se perdre au milieu de mots qui presque tous peuvent
être à la fois nom, verbe et particule, les Chinois reconnaissent comme loi souveraine de la phrase, à laquelle
il n'est pas permis de déroger, un ordre de mots fixe et
invariable. Une loi analogue a dû être observée au commencement des choses à peu près dans tous les idiomes
du globe. Comment, par exemple, le sanscrit, le grec et
le latin seraient-ils parvenus à posséder un système si
régulier de conjugaisons et de déclinaisons, si à l'origine des choses les Aryas n'avaient pas fait suivre *invariablement* le mot *plein*, le mot principal, de son *dernier
déterminant*, c'est-à-dire la notion verbale du suffixe in-
diquant le pronom au singulier, au duel, au pluriel ; la
notion de la substance du suffixe marquant le genre, le

nombre, et surtout le cas? Supposez, pour un moment, que la place de ces particules-suffixes ait été variable, jamais les populations primitives n'auraient songé à les combiner avec les mots auxquels leur pensée les rapportait irrésistiblement, et jamais les idiomes japhétiques n'auraient été des *langues à flexion*. Dans nos langues modernes dérivées du grec, du latin et du sanscrit, la flexion étant mutilée ou ayant disparu complétement, les mots se succèdent *de nouveau* d'après un certain ordre ; mais, ces mots ayant conservé une partie du bagage synthétique des anciens temps, ils sont moins asservis à cet ordre que les mots chinois, dont la valeur et le sens ne se reconnaissent que par la place qu'ils occupent.

Nous avons essayé de prouver ailleurs que ceux-là commettent une grave erreur qui voudraient faire sortir le vaste système des langues d'une série d'onomatopées. Il faut écarter pareillement des origines du langage la raison réfléchie, la convention préméditée. L'ordre, la méthode, l'économie dans l'emploi des sons de la voix humaine, sont le résultat de l'expérience et de l'habitude d'abstraire et de généraliser, lentement acquises par les générations. Aussi la langue chinoise, en sa qualité de langue primitive, se reconnaît-elle à trois caractères : 1° à la multiplicité des termes pour exprimer la même idée, 2° à l'élasticité et au vague du sens attaché au même terme, 3° à des sens nombreux et entièrement distincts attribués au même son.

1° **Multiplicité** des termes pour exprimer la

même idée. Cette multiplicité a lieu d'étonner dans une langue qui ne renferme que 450 monosyllabes, ou, si l'on aime mieux, quelque chose comme 1200 sons, chacun des monosyllabes pouvant être prononcé avec plusieurs accents. On pourrait supposer que la langue chinoise, parlée par un peuple très-intelligent, usât avec précaution et parcimonie des ressources limitées qu'un pareil vocabulaire peut lui offrir. Il n'en est rien. Les Chinois, ne connaissant pas la flexion, ont recours, pour y suppléer, à une foule de tournures périphrastiques. Pour exprimer le pluriel ils emploient jusqu'à treize particules différentes, telles que *muèn* (plusieurs), *tèm* (les autres), *moei* (chacun), *chùng* (tous), etc. Le génitif et le datif peuvent être désignés par six prépositions ; le comparatif se rend par *king* (beaucoup plus), *yeu* (davantage), ou bien les verbes *kuò* (surpasser) et *pì* (comparer) ; le futur, par : *ciang* (se préparer), *hoei* (se préparer), *yao* (vouloir) ; le prétérit, par : *leao* (finir), *kuo* (passer), *yeù* (avoir), *huôn* (être achevé), etc. — Cette abondance de termes pour désigner des idées ou des rapports d'idée identiques s'étend même au pronom, puisqu'il y a plusieurs termes en usage pour dire : *moi, toi, lui* ou *celui-là* (1). Elle est l'indice d'un langage rudimentaire cherchant péniblement sa voie pour arriver à une expression nette et précise. Il est certain que, si les signes flexifs avaient pu se combiner d'une manière intime avec les mots auxquels ils se rapportent, leur nom-

____

(1) Fourmont, *Linguæ sinicæ gramm.*, p. 63.

bre aurait nécessairement diminué, la langue reconnaissant instinctivement les cas, les nombres, les participes,
les modes du verbe, à l'*invariabilité* de leurs désinences
ou de leur formation. Avouons toutefois que, même dans
les langues indo-européennes, la flexion n'a pas acquis
tout d'un coup la fixité que nous lui voyons aux époques
littéraires. Dans toutes, la déclinaison des pronoms est
très-irrégulière et profondément distincte de celle des
substantifs ; en passant du sanscrit et du slave au grec et
à l'allemand, le nombre des cas varie de huit à cinq ; la
langue d'Homère fléchit les noms à l'aide d'une foule de désinences, telles que : —φιν, —θι, —θεν, —δε, qui dans
l'idiome d'Athènes ont fait place à des terminaisons plus
courtes, plus simples et plus propres à se fondre avec le
radical. Les formes conjugatives ne sont pas non plus
absolument identiques et également nombreuses dans
toutes les langues japhétiques. Partout nous rencontrons les traces de tâtonnements séculaires ; partout,
chez toutes les tribus éparses de la grande race des
Aryas, un triage s'est fait parmi la multiplicité exubérante des formes primitives ; partout aussi nous voyons
naître, à la suite de la jonction des éléments rudimentaires et inorganiques, des langues ayant toutes leur
physionomie propre, des langues vivant d'une vie qui a
les apparences de l'organisme.

Ce n'est pas seulement dans les surrogats de la flexion
qu'éclate l'étrange richesse de la langue chinoise ; c'est
dans son vocabulaire, c'est dans son lexique qu'il en
faut chercher les preuves les plus flagrantes. Exami-

nons, par exemple, la clef 93 (1), celle du bœuf; nous y trouvons :

Hiĕ (bœuf).

Po (jeune bœuf).

Tŏng (jeune bœuf qui n'a pas encore de cornes).

Seoū (bœuf âgé de trois ans).

Sўّ (bœuf âgé de quatre ans).

Kiáy (bœuf âgé de cinq ans).

Pý (bœuf âgé).

Chûn (bœuf haut de sept pieds).

Mâ (espèce de grand bœuf).

Tcheoû (bœuf de couleur blanche).

Yŏ (bœuf de couleur blanche).

Yû (bœuf noir).

Lŷ (bœuf dont le poil est de différentes couleurs).

Tsó (bœuf des montagnes).

Sûn (bœuf marchant lentement).

Kiēn et *kíay* (taureau coupé).

Koù et *kang* (taureau).

Du *riz liquide* peut se dire *hoû*, *kiēn* et *mŷ*. Il y a dix manières de traduire le mot *odeur*, à savoir : *fên*, *pŏ*, *pў*, *fêy*, *fŏ*, *yūn* (odeur « considérable »), *hing*, *tân* et *ngay*; vingt-sept pour traduire la pensée : *examiner*, *rechercher;* enfin, onze pour : *dire, parler*.

Nous nous arrêtons, car des exemples analogues à ceux que nous venons de citer se trouvent dans la plupart des 214 clefs du dictionnaire.

____

(1) De Guignes, *Dict. chinois*, p. 398 et suiv.

2° Quant au vague et à l'élasticité du sens attaché au très-grand nombre des mots chinois, personne, nous le croyons au moins, n'a jamais osé en douter. Comment en serait-il autrement dans une langue dont les mêmes termes peuvent être, suivant les besoins et les exigences de la phrase, tour à tour substantifs, adjectifs, verbes ou adverbes; où *ta* signifie à la fois : *grand, grandeur, grandir, grandement;* où *van* est : *roi* et *gouverner;* où *ly* rend ces trois idées : *bœuf, labourer, charrue;* ou *eùl* en exprime quatre, dont le lien intime ne saurait échapper à personne : 1° *toi*, 2° *deux*, 3° la conjonction *et* (comme qui dirait : *jonction*), 4° *petit enfant* (comme qui dirait *dédoublement*)?

Ces significations apparemment diverses n'en formaient qu'une seule en réalité. L'esprit de l'homme primitif ne distinguait pas les différents objets qui concouraient pour produire sur lui une impression. C'est cette impression seule qu'il rendait par l'indétermination de la racine; et ce n'est que plus tard qu'il commença à voir d'une manière plus distincte ce qu'il avait vu d'abord d'une manière embrouillée et confuse. On comprend maintenant les efforts qu'il en a dû coûter aux premiers Chinois pour sortir de la confusion de leur pensée primitive. Mais s'il est possible d'établir un certain enchaînement entre plusieurs sens que le même son peut offrir, il est rare qu'on puisse les expliquer tous par une seule et unique idée fondamentale.

3° En effet, la langue chinoise ne renfermant que 450 sons monosyllabiques, il est évident qu'à chacun de ces sons répondent une foule d'idées qui n'ont pas le moindre rapport les unes avec les autres. Aussi rien n'est étrange comme l'impression que l'on éprouve en parcourant pour la première fois la liste si peu étendue des sons chinois, accompagnés de leurs significations si variées, si nombreuses. La raison réfléchie, l'esprit de système, n'ont aucune part à l'ordonnance de cette liste.

Pour se rendre compte de la manière dont les significations sont distribuées entre les différents sons du langage chinois, il faut se souvenir de ce qui se passe à une loterie. D'un côté se trouve la grande urne renfermant les numéros des billets : supposons qu'il y en ait de vingt à trente mille; de l'autre côté, une urne beaucoup plus petite contenant les numéros d'ordre des lots à gagner: admettons qu'il y en ait *quatre cent cinquante*. Le contenu de la grande urne représente pour nous le nombre des idées à exprimer; celui de la petite, le nombre des sons de la langue chinoise. Exagérons même le nombre de ces sons, ou mieux le nombre des billets; mettons qu'il y en ait 500, car on peut supposer que plusieurs des numéros de cette série ne sortiront jamais. On tire au hasard un billet représentant une *idée*, et en même temps un billet représentant un *son*, qui désormais sera le signe de cette idée. Mais, à la différence de ce qui a lieu au tirage de la loterie, on rejettera immédiatement dans la petite urne le billet que l'on a tiré, et on aura soin d'en mêler de nouveau le contenu pour procéder au tirage des autres numéros, jusqu'à ce qu'on ait épuisé ceux que renferme la grande langue chinoise, où tel ou tel son représente 30, 50 et même 80 idées ou choses diverses, tandis que tel autre n'en exprimera qu'un très-petit nombre, et quelquefois, mais rarement, une seule.

On inclinera peut-être à trouver exorbitante cette comparaison que nous venons d'établir entre une loterie et la disposition de la table phonétique d'un dictionnaire chinois. Elle est exacte pourtant quant aux traits principaux. Hâtons-nous maintenant d'y apporter quelques restrictions ; elles se trouvent indiquées dans les pages précédentes, où il est dit que, malgré l'extrême pauvreté du chinois, la même idée est souvent rendue par un grand nombre de sons, — cas qui ne pourrait pas se produire dans l'hypothèse d'une loterie, mais qui contribue à rendre plus chanceuse encore et plus irrégulière la distribution des idées entre tous les sons du vocabulaire chinois. Il faut faire aussi une réserve pour les idées différentes, mais *affines*, qui sont rendues si souvent par le même mot. Ne faisons pas de difficulté non plus d'avouer que les objets n'ont pas été nommés tout à fait au hasard par les premiers habitants du Céleste-Empire ; mais celui-là serait bien habile qui réussirait à découvrir des rapports secrets et intimes entre les objets, les idées et noms qui les désignent, parce qu'il paraît constant que, toute proportion gardée, le chinois ne renferme pas plus d'onomatopées qu'aucune autre langue (1).

(1) Comparez cependant Max Müller, *Science of language*, p. 373. L'effet des sons cités par le célèbre indianiste paraît dû plutôt à leur redoublement qu'à leur vertu imitative ; par exemple : *lin lin* (les voitures roulent), *siao siao* (le vent et la pluie retentissent), *kiao kiao* (le coq chante), etc., etc.

On devine qu'il doit régner une grande obscurité dans une langue ainsi constituée; un ordre de mots fixe et invariable, tel qu'il se trouve établi dans la phrase chinoise, n'y remédie qu'imparfaitement. Aussi la langue moderne a-t-elle eu recours à des composés synonymes, qui contribuent à éclairer la marche de la pensée. Le fait est extrêmement connu; nous en parlons ici seulement pour présenter un tableau plus complet du langage primitif. *Taó-loû*, en chinois, signifie *chemin*. Le mot *taó* seul a les sens suivants : *dérober, renverser, atteindre, couvrir*, un *étendard*, du *blé, conduire, fouler aux pieds*, enfin «le chemin». Le mot *loû* peut signifier : la *voiture*, la *rosée*, le *corbeau de mer*, une certaine *rivière*, une sorte de *bambou, forger, détourner* enfin «le chemin». Les deux mots *taó* et *loû* ont donc en commun la signification de *chemin*. Si vous employez chacun d'eux en particulier, il serait très-difficile de distinguer lequel, parmi ces sens nombreux, on désire lui attribuer pour le moment. C'est seulement en les combinant que l'on réussit à faire comprendre que c'est la signification de *chemin*, et nulle autre, qu'on veut leur donner.

Malgré toutes ces précautions, la langue chinoise parlée reste condamnée à produire des malentendus nombreux. Abel Rémusat, dans son *Essai sur la langue et la littérature chinoise* (Paris, 1811, p. 56), raconte que bien souvent deux personnes en conversation se voient forcées à se demander avec une politesse mutuelle l'explication de tel ou tel mot par écrit, de sorte qu'un mot simple, qui peut s'entendre de plusieurs manières, se trouve exprimé par écrit en deux mots, dont l'un détermine de plus près le sens de l'autre (1). Cette façon de s'expliquer n'a rien de choquant pour les Chinois. Assurément nos premiers pères ne pouvaient pas recourir au même procédé lorsqu'il s'agissait de s'entendre dans un langage encore plus imparfait. Mais à cette époque si éloignée de nous, les raffinements de la pensée n'existaient pas encore ; les besoins étaient simples et peu nombreux, et là où par hasard le mot n'aurait pas suffi, on s'aidait de l'intonation de la voix, du geste et du regard.

II

Nous nous sommes efforcé d'établir *a priori* que le langage des premiers hommes devait être composé de monosyllabes ayant un caractère presque interjectionnel. Arrivant aux faits, nous avons rencontré une série d'idiomes réellement monosyllabiques parlés sur notre globe et venant à l'appui de notre thèse. Le plus connu, le plus remarquable de ces idiomes, c'est le chinois ; nous avons prouvé qu'il n'a jamais cessé d'être monosyllabique. Nous avons démontré ensuite que le même caractère de monosyllabisme se retrouvait au fond et à l'origine de toutes les familles de langues dont nous avons pu comprendre la grammaire et étudier l'histoire : les lan—

(1) Remarquez que l'écriture chinoise, dont nous ne pouvons donner ici l'explication, guide parfaitement l'œil et l'esprit ; et, différant en cela de la langue parlée, elle ne permet pas la moindre méprise. Aussi, étudier sérieusement le chinois, est-ce en étudier l'écriture.

gues japhétiques, les langues sémitiques et l'ancien
égyptien. Ce point étant acquis à nos recherches, nous
nous sommes tourné vers le chinois, et nous avons dé-
mêlé dans le mécanisme de cet idiome étrange trois
propriétés qui nous paraissent inséparables de la phrase
primordiale de toute langue parlée par des hommes, à
savoir : multiplicité de termes pour exprimer la même
idée, élasticité et vague de la signification attachée au
même terme, enfin sens nombreux et tout à fait distincts
attribués au même son. Si nous pouvions retrouver ces
propriétés dans les débuts, ou, pour mieux dire, dans les
éléments rudimentaires du sanscrit, de l'hébreu et de
l'égyptien, la question de l'origine du langage, sans
être résolue (car elle ne le sera jamais dans tous ses dé-
tails), nous semblerait pourtant avoir fait un pas décisif,
car nous l'aurions ramenée, en partie au moins, à celle
de l'origine de la langue chinoise, sur l'histoire et la
marche de laquelle il n'y a plus guère d'incertitude.
Essayons donc.

1° Les preuves abondent lorsqu'il s'agit d'établir la
fréquente multiplicité des termes pour exprimer la même
idée dans d'autres langues que le chinois.—M. Becker,
en faisant le relevé des racines sanscrites, dont le chiffre
monte à environ deux mille, a trouvé que plus de cinq cents,
c'est-à-dire plus du quart de ces racines, renfermaient
la notion du *mouvement* (1). Parmi ces dernières, il y en
a bon nombre qui expriment un mouvement déterminé,
tel que : *tomber, voler, descendre, jeter, rouler ;* mais il y

(1) Becker, *Das Worl*, p. 95.

en a encore plus de trois cents qui ont conservé la notion
vague que l'on traduit par : *moveri*, *ire*. Nous n'igno-
rons pas que les grammairiens indous présentent souvent
comme entièrement distinctes les formes variées d'une
même racine, et que sur la liste des racines dressée par
eux il se trouve même plus d'une forme dérivée, en sorte
que le chiffre de deux mille pourrait sans, danger subir
une réduction notable ; mais cette observation ne ren-
verse pas les proportions établies par M. Becker entre la
totalité des racines et le nombre de celles qui marquent
le mouvement. L'idée de *retentir*, de *bruire* et de *parler*,
est représentée en sanscrit par plus de 140 racines ; celle
de *luire*, de *briller*, d'*éclater*, par 100 ; celle de *couler*,
par 50.

Dans les Védas, la terre porte, outre son nom ordi-
naire de *bhû*, *bhûmi*, ceux de *urvî* (la vaste), *prithvî*
(la large, l'étendue), *mahî* (la grande). Le dictionnaire
védique, le *Nighantu*, mentionne vingt et un autres noms
qui lui sont également donnés. Tout cela n'empêche pas
que *urvî* (la vaste) ne signifie en même temps « rivière » ;
prithvî (l'étendue), en même temps « le ciel et l'aurore » ;
mahî (la grande, la forte), en même temps « vache et
discours » (1). Pour désigner l'air, on y emploie les
mots *antariksha*, *gagana*, *kha*, *nâka*, et beaucoup d'autres encore. L'oiseau y est désigné par *vi* ($\sqrt{vi}$, aller),
khaga et *khagama* (mot à mot *in aere iens*), etc. ; l'élé-
phant, par *gaja* et *ibha*, etc.

____

(1) Max. Müller, *Essai de mythologie comparée*, p. 54.

Puisque nous trouvons une aussi grande quantité de synonymes à un état déjà si avancé de la langue sanscrite, on ne doit pas s'étonner que leur nombre ait été beaucoup plus considérable à une époque où cette langue se composait encore de simples monosyllabes. Inutile de faire remarquer que la même chose se reproduit dans les langues sémitiques. Ainsi les racines arabes se comptent par milliers, et les synonymes y sont nécessairement très-nombreux. Mais puisque l'arabe ne saurait être considéré par nous comme le type d'un idiome sémitique bien ancien, tenons-nous-en à l'hébreu. Les racines exprimant le mouvement, l'éclat, la splendeur, etc., y sont encore en très-grand nombre ; mais peut-être nulle langue n'en renferme-t-elle autant qui indiquent la notion d'une activité violente, comme : *couper*, *frapper*, *déchirer*, *briser*, *détruire*, *tuer*. On reconnaît à ce signe le caractère implacable et l'humeur farouche des enfants du désert. Nous ne parlons pas ici des centaines de dénominations qu'on a données en arabe au chameau, au lion, à l'épée, etc. : ce sont là des faits qui appartiennent à un autre ordre de choses ; mais nous rappelons ce que nous avons dit ailleurs des verbes si nombreux qui, dans les langues celtiques, signifient : *germer*, *verdir*, *grandir*, *croître*, etc. (1) « La langue, ajoutions-nous, dans le progrès des siècles, a abandonné la plupart de ces formes, et il n'est pas probable qu'elle les ait distinguées toutes

____

(1) *Aperçu général*, p. 21 et 22.

au commencement par des nuances d'idées ; mais dans celles qu'elle conserva il est impossible de ne pas reconnaître qu'elles ont dû leur conservation à une légère modification du sens. (Que l'on compare ἕρπω, aller, aux mots latins *serpens, serpere*; στείχω à l'all. *steigen*; la racine scr. *pat* (aller) au lat. *peto*, gr. πίπτω et πέτομαι.) Toute surabondance qui ne sert pas l'idée est retranchée à la longue par le génie de la langue. »

2° Les racines, les termes du langage primitif, ne renfermaient pas des idées nettes, précises et bien distinctes, mais seulement l'image un peu vague, un peu confuse, de l'impression ressentie par nos premiers pères. De là cette indétermination des racines qui ne sont ni adjectifs, ni noms, ni verbes ; qui ne rentrent dans aucune des parties du discours, ou qui les comprennent toutes. Nous avons prouvé dans les pages précédentes que non-seulement le chinois et l'égyptien, mais encore le sanscrit et l'hébreu, n'ont eu à l'origine des choses qu'un seul et même terme pour exprimer l'activité et la substance. Nous ne nous arrêterons donc pas à des mots tels que *bhâs*, signifiant « resplendir » et « splendeur » ; *mrid*, « broyer » et « argile » ; *yuj*, « joindre » et « jonction, » etc. Nous allons citer un certain nombre de racines qui, envisagées seulement comme verbes, présentent des sens multiples que la pensée moderne attribuerait plus volontiers à des sons différents.

C'est ainsi que *plu* et *sru* signifient *ire* et *fluere;*

√ √ *rag* et *lag : moveri* et *adipisci;*

√ √ *ard, han, pish* et *ri : moveri, ferire* et *occidere;*

$\sqrt{\ }\sqrt{\ }$ *at, vitshh, ghaṭ, pat, lut : moveri, lucere, loqui;*

$\sqrt{\ }$ *su : moveri, distillare, generare, dominari;*

$\sqrt{\ }\sqrt{\ }$ *î et vî : ire, projicere, desiderare, adipisci, gene-*
rare, mordere;

$\sqrt{\ }$ *pis : moveri, inhabitare, lædere, vigere, dare, lucere,*
loqui;

$\sqrt{\ }$ *av : moveri, lucere, audire, adipisci, crescere, occi-*
dere, valere, gaudere.

La même racine pouvait donc renfermer les sens les plus variés et même les plus contraires, comme dans $\sqrt{\ }$ *lâ*, prendre et donner ; dans $\sqrt{\ }\sqrt{\ }$ *van, pan, krĭ*, acheter et vendre, etc. Et quoique les grammairiens aient assigné souvent aux racines des sens qui n'appartenaient qu'aux verbes et aux noms qui en dérivent, il n'en reste pas moins prouvé que l'imagination si vive et si ardente des générations qui les premières foulèrent notre globe renfermait, par voie de métaphore et par les transitions les plus hardies et les plus brusques, dans une seule et même image les choses évidemment les plus disparates et les plus étrangères les unes aux autres. C'est ainsi que ἔχω en grec peut signifier : *avoir, tenir, porter, diriger, pouvoir*, etc.; νέμω : *diriger, paître, distribuer, penser;* λέγω : *coucher, réunir, parler.* L'allemand *schlagen* a pour signification première celle du mouvement (1) : *Die Flamme schlägt zum Fenster hinaus* (la flamme sort par la fenêtre); *ein Ausschlag*

____
(1) Becker, *Das Wort*, p. 97.

(une éruption). Puis ce verbe prend celle de *tomber* dans *Schlag-baum* (barrière, mot à mot : arbre qui s'abaisse), *Tauben-schlag* (volière, pigeonnier); celle de *tourner* dans : *die Augen auf- und nieder-schlagen* (lever et baisser les yeux); celle de *pousser* dans : *Wurzeln schlagen* (prendre racine); celle de *jeter* dans : *in Fesseln schlagen* (jeter dans les fers), *aus den Gedanken schlagen* (chasser quelque chose de sa pensée). Enfin on dit : *das Herz schlägt* (le cœur palpite, bat, etc.), *schlagen alles das da lebet* (tuer tout ce qui a vie), *Donner-schlag* (coup de tonnerre), *die Wachtel schlägt* (la caille crie), *von gutem Schlag, Geschlecht* (de bonne race, famille; sens : *generare*), etc., etc.

On le voit, la multiplicité des sens d'une même racine, si fréquente dans les langues primitives, n'est pas sans exemples dans les langues modernes, et nous pourrions en rencontrer même en français. A tout prendre, ils sont plus rares dans les langues sémitiques, les racines y ayant subi de bonne heure cette métamorphose bien connue, propre à cette famille seule : de monosyllabes qu'elles furent à l'origine, elles passèrent pour la plupart à la forme dissyllabique. Ainsi, ce que leur sens primitif pouvait avoir de vague et d'incertain se déterminait, se *spécialisait* davantage dans des racines que nous appellerions volontiers secondaires ou dérivées.

Citons cependant : *ud* et *id* (courber, entourer, s'appesantir, être fort).

Ob (une outre, un nécromancien, un démon, un revenant).

Ên (ȧyin) (néant, mensonge, fausseté, faiblesse, fatigue, facilité, faculté, force).

Bul (pluie, produits, [*proventus*]).

Bor (citerne, prison).

Nud (s'agiter, regretter, se plaindre, consoler).

Caph (creux de la main, porte, coupe).

S'ur (comprimer, pincer, céder, s'éloigner).

Hhou (tâche imposée, limite, but, loi).

Tur (mur, collier de pierres précieuses, rocher, forteresse).

Nuz (se mouvoir rapidement, resplendir).

Bar (a) (tailler, former, engendrer, manger).

Gur (s'arrêter en chemin, séjourner, avoir peur, se réunir), etc., etc. (1).

3° Les sens employés par les premiers hommes n'étant pas nombreux, il devait arriver ce qui a lieu encore aujourd'hui en chinois, que le même son désignait plusieurs idées entièrement distinctes. M. Steinthal (2), qui de nos jours a poussé le plus loin la philosophie du langage, fait remarquer en passant que cette singularité se rencontre non-seulement dans les langues un peu rudimentaires, comme l'égyptien, mais même dans l'idiome le plus riche de la famille indo-européenne, dans le sanscrit. Peyron, dans sa grammaire copte (3), cite :

Ha (1° *sub*, 2° *ventilabrum*, 3° *licium*);

He (1° *cadere*, 2° *modus*);

---

(1) Voy. le *Dictionnaire* de Gésénius.

(2) *Entwicklung der Schrift*, p. 93, 94 et suiv.

(3) *Grammatica linguæ copt.*, p. 20.

Hē (1° *facies,* 2° *uterus*);

Hi (1° *in,* 2° *jacere*);

Hō (1° *sufficere,* 2° *etiam*).

Nous empruntons à M. Steinthal :

Ba (chouette et âme);

Mu (mère et prendre);

Nib (panier, maître, chacun, tous);

Male (bandelette, remplir, ceinture, l'aune, l'aile);

Li (nom d'une déesse et signe (préfixe) des nombres ordinaux), etc., etc.

L'hébreu offre aussi d'assez nombreux exemples :

Tor (1° tourterelle; 2° série, collier de perles; 3° doctrine (*tor = torah*);

Shod (1° mamelle, 2° oppression, violence, ravages);

Sha (ah) (1° faire du bruit, s'écrouler; 2° regarder);

Rak (rakak) (1° être menu, ténu; 2° cracher);

Kuz (1° éprouver du dégoût, avoir peur; 2° se réveiller; 3° couper, blesser);

Pas' (pas'as) (1° cesser, disparaître; 2° s'étendre);

Pahh (1° réseau, piége; 2° gouverneur);

Pak (1° vaciller, 2° sortir);

A's (1° teigne, 2° la Grande-Ourse);

U'l (1° se réveiller, 2° être nu, 3° creuser, 4° paille);

A'b (1° seuil, perron; 2° ténèbres, nuages);

S''uph (1° enlever, mettre fin; 2° roseau);

Na (1° cru, mal cuit; 2° donc, pourtant [lat. *sis, precor*]);

Mush (1° céder, 2° toucher, tâter);

Ken (1° droit, honnête; 2° ainsi; 3° place, échafaudage; 4° petit insecte);

Hham (1° beau-père, 2° chaud, 3° l'Égypte);

Hhor (1° trou, cavité; 2° une étoffe fine et blanche (byssus);

Ahh (1° frère, 2° réchaud, 3° hélas!);

Î (1° île; 2° cri, lamentation; 3° ne pas);

Et (1° celui-ci; 2° proximité, près de; 3° houe, hoyau);

Bad (1° séparation, partie; 2° bavardage, bavard), etc., etc.

Le sanscrit nous fournit une liste moins étendue, surtout quand nous écartons tout ce qui n'est pas monosyllabe (par exemple : *aja* = 1° bouc, 2° celui qui n'est pas né, nom d'un certain ordre de génies, etc.), et les racines, fort nombreuses dans les Védas, qui sont employées tantôt comme verbes, tantôt comme noms. Nous ne pouvons donc pas considérer des mots tels que *bhâs, dyut* (resplendir et splendeur); *vatch* (parler et voix, langage), comme rentrant dans la catégorie qui nous occupe pour le moment. Nous n'avons à notre disposition que le glossaire de **M. Bopp**, dont nous tirons les exemples suivants :

As (1° être, 2° déposer, jeter) : nous en distinguons *âs* (être assis), dont l'*a* est long (probablement à l'origine le même verbe);

Ish (1° aller, 2° vouloir, désirer);

Kshi (1° périr, 2° tourmenter, 3° habiter);

Tshar (1° aller, agir; 2° réfléchir, considérer);

Pâ (1° boire, 2° conserver, protéger, régner);

Bhuj (1° fléchir, courber; 2° manger);

Mâ (1° mesurer, 2° négation, gr. μή);

Yat (1° pronom relatif neutre, 2° s'efforcer);

Ranj (1° adhérer, être dévoué; 2° colorer, illuminer);

Rudh (1° aimer, vénérer; 2° empêcher, exclure);

Vas (1° habiter, 2° mettre, revêtir);

Vâ (1° souffler, 2° ou, comme);

Vid (1° trouver, obtenir; 2° savoir, comprendre);

Viç (1° entrer, 2° un marchand);

Vṛi (1° couvrir, 2° choisir, 3° éloigner, empêcher);

Vrit (1° aller, 2° choisir);

Çutsh (1° se lamenter, être triste; 2° être pur);

Çvas (1° souffler, respirer, gémir; 2° demain);

Sad (1° être assis, 2° aller; probablement le même verbe, comme *as* et *âs*);

Su (1° engendrer, 2° bon, beau);

Ha (1° quitter, 2° interjection : hélas!);

Hi (1° envoyer, jeter; 2° car–; quelquefois particule interrogative).

Il est probable que bon nombre de racines citées par nous n'ont eu à l'origine qu'une seule signification, à laquelle on pourrait ramener les autres sens si l'on connaissait bien l'histoire de tous les mots d'une langue. Nous ne croyons pourtant pas notre liste trop étendue, et si l'on retranche plusieurs sons dont le sens réellement multiple est sujet à plus d'un doute, on peut les remplacer mentalement par tous ceux que nous avons omis et dont le glossaire de M. Bopp ne fait pas mention (1).

(1) Quelques savants ont essayé, tout récemment encore, d'expliquer l'homophonie si fréquente dans l'égyptien et dans le sanscrit par des analogies tirées du français, où *louer* représente à la fois *locare* et *laudare*, où *tour* répond à

Nous nous sommes interdit de parler d'une foule de mots à signification très-distincte, et qui, à une légère nuance près, se prononcent de la même façon, comme *dâ* (donner), *dhâ* (mettre), *at* (aller), et *ad* (manger). Si l'on songe avec quelle extrême facilité les dentales et les sifflantes se permutent dans les différents dialectes de la Grèce, on est frappé de la ressemblance qu'offrent *at* (aller) et *ad* (manger) avec *as* (être), *as* (jeter) et *âs* (être assis). On dirait que les premiers hommes se sont servis d'abord, pour exprimer les notions élémentaires et urgentes, d'un très-petit nombre de sons, dont la différence ne nous paraît plus assez marquée aujourd'hui. Ou bien auraient-ils vu des rapports là où nous ne savons plus en apercevoir? Et de même qu'un grand

tornus et à *turris*. Mais, pour que cette analogie fût sérieuse et complète, il faudrait que l'égyptien et le sanscrit fussent des idiomes nés de la corruption de langues plus anciennes et plus riches, dont il ne nous serait rien resté, excepté les homophones en question. Or cette supposition ne saurait être admise, puisqu'à des langues mieux constituées que l'égyptien et le sanscrit devraient répondre des civilisations adéquates, et que, si ces civilisations avaient existé, il nous en serait certainement parvenu quelque souvenir. Au reste, le français comme la plupart de nos langues modernes ont parfaitement l'air de ce qu'elles sont, les résidus d'organismes au moins extérieurement plus robustes et plus puissants, tandis que l'égyptien et le sanscrit nous révèlent, non-seulement par leur système grammatical, mais aussi par les idées qu'on trouve dans leurs plus anciens monuments, un ordre de choses vraiment primordial. — Que si nos adversaires, après avoir abandonné et le domaine de la sience et le champ déjà plus hasardeux des analogies, se lancent dans les voies de l'hypothèse, pour soutenir que des langues telles que l'égyptien et le sanscrit, après avoir créé des centaines et des milliers de racines, ont pu les composer les unes avec les autres, puis les mêler et les confondre, et tout cela pour ainsi dire à l'origine des choses, ils se heurteront contre la première loi de la linguistique. Cette loi nous apprend que les langues, dans leur marche ascendante, font des efforts perpétuels pour déterminer davantage la forme et le sens un peu vagues de leurs premiers sons. Loin de

philosophe moderne commence son système par l'axiome :
Cogito, ergo sum, leur premier raisonnement aurait-il été
celui-ci : *Je mange, donc je suis ?* — Peyron fait remarquer aussi (1) qu'un simple changement de voyelle
transforme entièrement le sens des racines, puisque *sa*
en égyptien veut dire : être beau ; *se :* boire ; *si :* se ras-
sasier ; *so :* six. Il serait assurément périlleux de vouloir
se rendre compte des rapports qui peuvent avoir existé
entre des racines d'un son si semblable, ces rapports pouvant être tout à fait imaginaires. Mais, si l'on réfléchit que
chez les Chinois un nombre considérable de racines sont
descendues au rang de simples particules explicatives,
on arrive à se demander si la même méthode n'aurait
pas été employée quelquefois par les Japhétides.

mêler et de confondre les racines, elles les différencient, on pourrait presque
dire à l'infini. Le chinois, dont la puissance créatrice s'est arrêtée de bonne heure,
a recours à d'autres moyens pour arriver à une clarté, à une précision plus
grande. Si cette langue avait possédé jadis mille racines au lieu de quatre cent
cinquante, croit-on qu'elle s'en serait dépouillée de gaieté de cœur, pour y suppléer par des procédés ingénieux sans doute, mais assez difficiles à découvrir ?
Dans les langues, comme chacun sait, la confusion des sons est le résultat d'une
espèce de corruption, et cette corruption est infiniment plus rare dans leur enfance que dans leur maturité. Dailleurs, en nous combattant ainsi, on ne fait
qu'opposer aux parties problématiques de notre théorie une hypothèse tout à fait
gratuite, personne ne nous ayant entretenu jusqu'à présent de racines sanscrites
corrompues à la façon du fr. *louer = locare* et *laudare.* Tout au plus y a-t-on
trouvé des racines verbales composées avec des prépositions, à demi effacées par
le temps ; ces racines sont moins propres que toutes les autres à être confondues
avec des racines qui leur ressembleraient. Enfin on trouverait quelques racines
fondues et étriquées du genre des mots français *tour* et *louer,* que cela ne prouverait
rien contre le très-grand nombre de celles qui resteraient à expliquer. Nous
maintenons donc notre système jusqu'à nouvel ordre, et parce qu'il n'est pas en
désaccord avec les faits acquis actuellement à la science, et parce qu'il paraît
singulièrement conforme à la nature des choses.

(1) *Gramm. ling. copt.,* p. 20.

Nous avons toujours pensé qu'en sanscrit les substantifs neutres en *as*, tels que : *tanhas* (rapidité), *vatshas* (discours), *tshêt-as* (esprit), étaient composés avec la racine *as* (être). Cette racine est très-propre à exprimer le caractère abstrait de ces mots qui répondent aux noms grecs en ος (γένος, μένος) (1). Aujourd'hui, nous sommes disposés à voir la même racine dans la désinence *as* (gr. ες, lat. *es*) du pluriel. Le verbe *as* n'a pas eu du premier coup les fonctions de la copule ; le participe *sat* est souvent employé comme adjectif avec le sens de : *bonus, probus, præcipuus* —; *sat-ya* signifie *verus*; *satata, æternus*. La signification véritable de *as* paraît donc avoir été : *durer, être solide*. Quoi de plus ingénieux que d'exprimer le pluriel d'un objet ou d'un être par la notion de sa durée, de son immortelle réalité, et de voir ainsi dans le même objet, dans le même être au singulier, quelque chose de passager, de périssable et de contingent (2).

La racine *i* signifie en sanscrit *celui-ci*, puis *aller*. Y a-t-il un rapport primordial entre les deux significations? L'homonymie est-elle l'effet d'un pur hasard? Nous n'osons nous prononcer. Car cet *i* est devenu plus tard particule formative. Il désigne le pluriel des neutres en général, de plusieurs pronoms en particulier. Est-ce *i* pronom ou *i* verbe qui a aidé les premiers Aryas à distinguer les nombres? Nous penchons pour le verbe, car l'idée du mouvement nous conduit sans effort à celle

(1) L. Benlœw, *Accentuation des langues indo-européennes*, p. 109.

(2) L'*s* fait partie des désinences de tous les cas du pluriel, excepté de celles du génitif et du locatif, dont les formes seront expliquées par nous ailleurs.

de l'agitation et du fourmillement, tandis que le pronom peut marquer tout aussi bien le singulier que le pluriel. En revanche, nous croyons reconnaître ce dernier dans l'*i* du locatif, et peut-être dans les désinences *ê* et *ya* du datif.

A est, comme on sait, le signe de la première personne : *a-ham;* duel : *âvâm;* accusatif pluriel : *a-smân.* *A* long est une préposition signifiant : *jusqu'à, près de* (c'est-à-dire rapprochement du sujet parlant). Elle paraît avoir été employée par la langue comme exposant de l'instrumental au singulier (par exemple : *matî,* gr. μῆτις, instr. *matjâ*). Enfin, *a* est l'expression du guna, *â* du vriddhi. Comme tel, il a pour mission d'attirer l'attention de l'interlocuteur sur la syllabe qu'il vient renforcer. Toutes ces significations semblent présenter un certain caractère de parenté. Mais voici qui est plus étrange : *a* sert à désigner en même temps la troisième personne dans différents cas, genres et nombres du pronom *idam.* Pour ne parler que du masculin, le datif singulier y fait *asmai,* l'ablatif *asmât,* le génitif *asja,* le locatif *asmin,* le gén., le dat. et l'instrument du duel y font *âbhjâm.* Qui peut méconnaître l'analogie de ces formes avec les formes *asmân, asmat, âvâm, âvâbhjâm,* etc., du pronom de la première personne *aham ?* On dirait que chez les premiers Aryas *a* signifiait en réalité d'abord *celui-ci.* Accompagné du geste cet *a,* comme *hic* en latin et οὗτος en grec, pouvait se rapporter tout aussi bien à celui qui parlait qu'à un tiers. Ce qui semble confirmer cette vue, c'est que certains termes désignant la troisième personne paraissent avoir été aussi presque identiques à l'origine avec le pronom de la seconde personne. L'une et l'autre sont caractérisées par la dentale *t* (*tu* et *sa, sâ, tat*). La dentale ayant dans les langues japhétiques une puissance démonstrative, on est disposé à admettre une parenté primordiale entre *tu, ta* et les verbes *dâ* (donner), *dhâ* (mettre), *tan* — originairement *ta?* — (étendre) (1). Il paraît certain en tout cas que la langue a voulu distinguer avant tout la première personne de la seconde. Elle allait naturellement au plus pressé. Quant à la troisième, elle pouvait par sa forme extérieure se rapprocher sans grand inconvénient tantôt de la première, tantôt de la seconde.

Nous avons signalé déjà ailleurs l'identité présumable du duel et du pluriel de la seconde personne *yu-vâm* et *yû-yam* avec la racine *yu* (joindre). Il serait difficile d'établir des rapports d'une nature semblable entre la racine pronominale *ma* (qui se trouve dans les cas obliques de *aham : mâm, mayâ*, etc.) et la racine *mâ* (mesure); entre *ana* (celui-là) et la rac. *an* (respirer); entre *nas* (nous), *na* (non) et *nî* (conduire) ou *nam* (diriger); entre *vas* (vous) et *vâ* (souffler) ou *vas* (habiter); entre *yas* (lequel) et *yâ* (aller, voyager), etc. Disons toutefois en passant que M. Lassen voudrait faire venir *aham* (moi) de la racine *ah* (dire, parler), tandis que M. Benfey y voit la racine pronominale *a* suivie de la particule *ham*,

---

(1) On n'ignore pas que les racines *dâ* et *dhâ* ont été déjà confondues par les Latins dans une série de verbes composés. *Abdere, abscondere, condere*, paraissent mieux s'expliquer par $\sqrt{dh\hat{a}}$, gr. τί-θη-μι. *Credere* n'est autre chose que le sanscrit *çrat + dhâ*, c'est-à-dire *fidem pono*. Mais dans *didere, indere, addere*, et d'autres encore, il est malaisé de se prononcer.

ainsi *a━ham* (1). A vrai dire, nous n'attachons qu'une médiocre importance à toutes ces homonymies. Mais elles sont trop nombreuses pour qu'il soit permis d'admettre que dans les premiers jours, et dans l'absence de toutes les formes flexives, les Aryas aient pu distinguer entre des racines pronominales d'un côté et des racines verbales et nominales de l'autre. La séparation des deux ordres de racines s'est accomplie de bien bonne heure sans doute, mais ce ne fut certaiment pas de prime abord. Cherchons une dernière fois la preuve de nos assertions dans le dictionnaire chinois. Nous y trouvons :

Où signifiant *moi*, puis : grand parleur, néant, rat ailé (chauve-souris), espèce d'arbre.

Yû — *moi*, puis : accorder, se réjouir, transvaser, sorte de mesure, orme, stupide, bœuf noir, etc.

Yù — *toi*, puis : lait, teindre, manger, gâteau de miel.

Ȳ — *lui, elle*, puis : appuyer, rire malgré soi, soupir, enfant nouveau-né, respect, guérir, chien robuste, etc.

Tchȳ — *partic. du génit.*, puis : ce, lui, sorte de coupe, branches, soutenir, fruit jaune, arbre mort, labourer, etc.

Si les observations que nous venons de présenter sont

____

(1) On ne peut guère admettre que le pronom de la première personne dérive d'un verbe. En revanche, je serais disposé à faire venir de *aham*, ἐγώ, goth. *ik*, le verbe ἔχω, goth. *aigan*, qu'on a identifié sans raison, selon nous, avec √ *vah*, lat. *veho*. Il était assez naturel, ce nous semble, de rattacher l'idée de la possession à celle du *moi*. Ἔχειν serait proprement : *faire du moi*.

trouvées justes, il s'ensuivrait qu'il ne faut rien voir de mystérieux dans l'origine du langage, si ce n'est la faculté merveilleuse départie par Dieu à l'homme d'exprimer sa pensée par la parole. Les langues sont composées d'abord d'un nombre plus ou moins grand de monosyllabes rudimentaires presque interjectionnels. Quelques-unes d'entre elles s'arrêtent à cette première phase où le sens des mots ne se reconnaît qu'à l'ordre dans lequel ils se succèdent dans la phrase. Mais la plupart combinent et fondent ensemble avec plus ou moins de bonheur les monosyllabes, que l'esprit de l'homme rapprochait invariablement et irrésistiblement les uns des autres : c'est ainsi que naquirent les langues agglutinatives, et, à un degré au-dessus, les langues à flexion, où les catégories de la pensée cherchent à se faire jour dans les parties du discours. C'est dans ces deux ordres de langues, et notamment dans le dernier, que les racines se transforment en *mots véritables*, que des procédés mécaniques font place à une vie qui rappelle celle des *organismes*. Il faut chercher l'origine de cette transformation dans l'instinct de la raison humaine, s'il est permis de s'exprimer ainsi ; mais le levier extérieur et visible de ce grand travail des langues est l'*accent*, qui établit l'unité dans les différents éléments qui constituent le même mot, et une hiérarchie entre les mots qui forment la phrase. C'est l'accent qui organise les langues et qui les fait vivre comme d'une vie qui leur est propre ; mais c'est lui aussi qui, en attirant à la syllabe principale toute la force vitale du mot, finit par l'user, par l'atrophier, par le *désorganiser*. Les lan-

gues passent de la phase de la synthèse à celle de l'analyse ; elles reviennent pour ainsi dire sur elles-mêmes, et
tendent à vivre d'une vie plus mécanique. C'est pourquoi
la grammaire et la syntaxe de l'anglais ont été si souvent
comparées à celles du chinois, dont elles sont cependant
encore à une grande distance. Il n'en est pas moins vrai,
selon nous, que dans leur enfance et dans leur vieillesse
les langues ressemblent davantage à des mécanismes ;
elles ne sont réellement *vivantes* que dans l'époque du
milieu : aussi dans les âges extrêmes les mots ne sont-ils
que les *signes* de nos idées, tandis que dans la jeunesse
des langues, et comme qui dirait durant leur floraison, les
mots paraissent faire effort pour en présenter le *calque*.

Nous terminerons ces pages sur l'origine des langues
par quelques observations relatives à l'époque du milieu,
qui est celle de leur synthèse. Il est impossible d'assigner à
cette époque un commencement précis. Les éléments, qui
devaient former le mot proprement dit, se groupaient sous
l'influence de la pensée qui les rapprochait, et de l'accent
qui était le signe extérieur de ce rapprochement ; mais ils
n'étaient pas dépouillés pour cela immédiatement de leur
indépendance, encore moins perdaient-ils le sens primitif
qui y était attaché. Il devait se passer beaucoup de temps
avant que la prédominance d'un des éléments constitutifs
du mot sur les autres fût reconnue, avant que la distinction entre le radical et les désinences se fût établie. La
synthèse fut précédée de la juxtaposition des mots-racines ou de la *parathèse*. Ceci est encore visible en
sanscrit, où les terminaisons n'ont pas cessé d'être vi-

vantes, et où elles semblent avoir conservé comme un souvenir de leur ancienne indépendance. Elles commencent à *s'éteindre* en grec, surtout dans la conjugaison ; elles sont *mortes* en latin. Jamais elles n'y sont animées et en quelque sorte vivifiées par l'accent. Ce n'est donc pas à l'origine des choses que l'instinct a joué un rôle véritablement important dans la création du langage ; ce n'est pas au moment où l'homme était obligé de tirer de ses organes et de son intelligence les sons qui devaient désigner les objets qui l'entouraient et les sensations qu'il éprouvait ; c'est à un moment plus tardif, lorsque quelques-uns de ces sons avaient déjà perdu une partie de leur valeur intrinsèque et commencé à n'être plus que les signes de certaines idées abstraites, que les hommes, qui avaient fini par les combiner presque machinalement avec des mots d'une importance plus considérable, créèrent, comme à leur insu, les formes flexives de la grammaire, la déclinaison, la conjugaison, la dérivation. Cet oubli des origines caractérise au plus haut point les langues parlées par les anciens Pélasges, le grec et le latin, puisqu'il serait difficile de démêler ces origines aujourd'hui sans le secours du sanscrit. La formation de cet idiome primitif lui-même au sein des *Aryas* encore réunis a dû être le résultat d'un travail aveugle ; mais ce travail a dû s'arrêter de bonne heure chez les conquérants de la Pentapotamie, puisque la conservation presque intacte des éléments primordiaux, la mobilité intelligente des accents et l'ordre systématique de la grammaire entière semblent prouver qu'une série d'es-

prits d'élite a ressaisi habilement les rênes du langage,
et l'a dirigé désormais en pleine connaissance dans la
voie d'un développement régulier.

Citons un exemple entre mille, pour mieux faire comprendre notre pensée. On sait que les Aryas formaient
leur futur en joignant celui du verbe *être*, *syâmi* (qui
n'est lui-même qu'une forme allongée de l'optatif *syâm*,
lat. *siem, sim*), à la racine du verbe que l'on conjuguait.
Ainsi, *dâ* voulant dire *donner*, *dâ-syâmi* signifiait
je donnerai (mot à mot : *donner je serai*). Oserait-on
dire que les Aryas n'avaient aucune conscience de cette
formation ; qu'aux premiers jours de leur existence ils
ont créé cette forme grammaticale assez compliquée,
sans se souvenir que le *syâmi* du futur *dâsyâmi* était en
même temps le futur du verbe *être?* Ceci est d'autant
moins admissible que les anciens Indous étaient d'excel-
lents grammairiens, et qu'ils avaient soumis leur bel
idiome à une analyse savante bien des siècles avant que
les Grecs ne fissent du leur l'objet d'une étude particu-
lière. Aussi, lorsque ces derniers disaient δώσω, qui est
l'équivalent littéral de *dâsyâmi*, ils ne se souvenaient
certainement plus de tout le chemin que ce mot avait dû
parcourir pour arriver à une forme aussi courte et aussi
simple. C'est que δώσω était abrégé de δωσίω ou δώσjω.
Les Doriens ont conservé longtemps dans leur futur les
traces de l'ancien *syâmi* des Indous, comme le prouvent
des formes telles que : πραχ-σί-ομες, χαριχ-σι-όμεθα,
βοαθη-σί-ω, etc.

Ce que nous venons de dire ici de la marche des idiomes japhétiques peut s'affirmer de celle de toutes les langues dont nous savons l'histoire et dont nous pouvons découvrir les premiers débuts. Les Sémites ont toujours établi une distinction très-précise entre leurs radicaux monosyllabiques et dissyllabiques et les nombreux préfixes et suffixes qui servaient à les nuancer, à les déterminer davantage. En effet, ni dans la déclinaison, ni dans la conjugaison, ils n'ont considéré ceux-ci comme faisant partie intégrante du mot principal. C'est là, si nous ne nous trompons pas, une des différences essentielles qui distinguent la grammaire sémitique de la grammaire indo-européenne, et qui font qu'il y aura toujours une distance très-considérable entre des formes telles que : τύπτ–ω, τύπτ–εις, τύπτ–ει, τύπτ–ομεν, etc., et le paradigme hébraïque : *kâtal-ti*, *kâtal-tâ*, *kât-lâh*, *kâtal*, *kâtal-noû*, etc. — Évidemment les Sémites ont poussé moins loin que les Japhétides l'oubli des formes primitives, et dans la création de leurs idiomes ils ont laissé moins de marge à l'instinct, c'est-à-dire à une activité qui n'a nulle connaissance d'elle-même, qui peut être raisonnable, mais qui n'est pas raisonnée.

L'ancien égyptien se rapproche plus encore que les langues sémitiques, dans sa grammaire et dans sa syntaxe, de la langue chinoise, qui pour nous est le type qui rappelle le mieux le langage primordial. Les racines égyptiennes et coptes sont naturellement monosyllabiques, ce qui est le caractère des racines de toutes les langues possibles. Mais une chose plus importante, c'est que presque toutes les particules, qui servent à faire naître des formes flexives ou des mots dérivés y existent encore à l'état d'indépendance. — Il n'est peut-être pas tout à fait de même des langues touraniennes, sur lesquelles M. Max Müller a fait de si curieuses études. Mais ce qui les caractérise en revanche, c'est l'immobilité, l'immuabilité de leurs racines, qui restent intactes et comme en relief même lorsqu'elles sont entourées d'un cortége considérable de préfixes et de suffixes. La voyelle de la racine influence et transforme les voyelles des syllabes secondaires ; elle-même ne change jamais. C'est pourquoi M. Müller fait rentrer ces idiomes touraniens dans la classe des langues agglutinatives, dont la structure tient beaucoup plus du mécanisme que celle des langues à flexion. Les langues indo-européennes, les langues sémitiques et même l'ancien égyptien sont des langues a flexion. Les éléments qui concourent à la formation de leurs mots se fondent ensemble souvent d'une manière indissoluble. Il est rare qu'en se réunissant ils n'abandonnent pas quelque chose de leur étendue et de leur poids primitif. Les racines elles-mêmes s'y modifient profondément, fait significatif qui n'est pas seulement vrai du sanscrit, de l'allemand et de l'hébreu, mais encore de l'ancien égyptien.

De ce qui précède il résulte pour nous que le point de départ a été le même pour toutes les langues, et que leur vraie diversité naît de leur développement ultérieur. Sous le coup des mêmes besoins et des mêmes nécessités se sont produits chez tous les hommes, dans les premiers temps, des faits ou identiques ou au moins analogues.

La race humaine est à la fois une et multiple; et malgré les variétés de climat, de sol et de conditions sociales, l'homme déploie partout les mêmes aptitudes, les mêmes passions et les mêmes talents. Aussi le cerveau humain est-il construit partout de la même façon, et d'un bout du monde à l'autre, quelle que soit la race, son poids ne varie que d'une manière imperceptible.

Ainsi donc, quoiqu'on ne soit autorisé nullement par les faits à dire que les langues rentrent les unes dans les autres, on peut affirmer néanmoins que la différence qui les sépare n'est pas une différence absolue; car les langues sont partout l'expression de l'esprit humain, et nous savons que cet esprit est le même partout, malgré des nuances et des modifications sans nombre.

FIN.

5354 — Paris, imprimerie de Jouaust et fils, rue Saint-Honoré, 338.

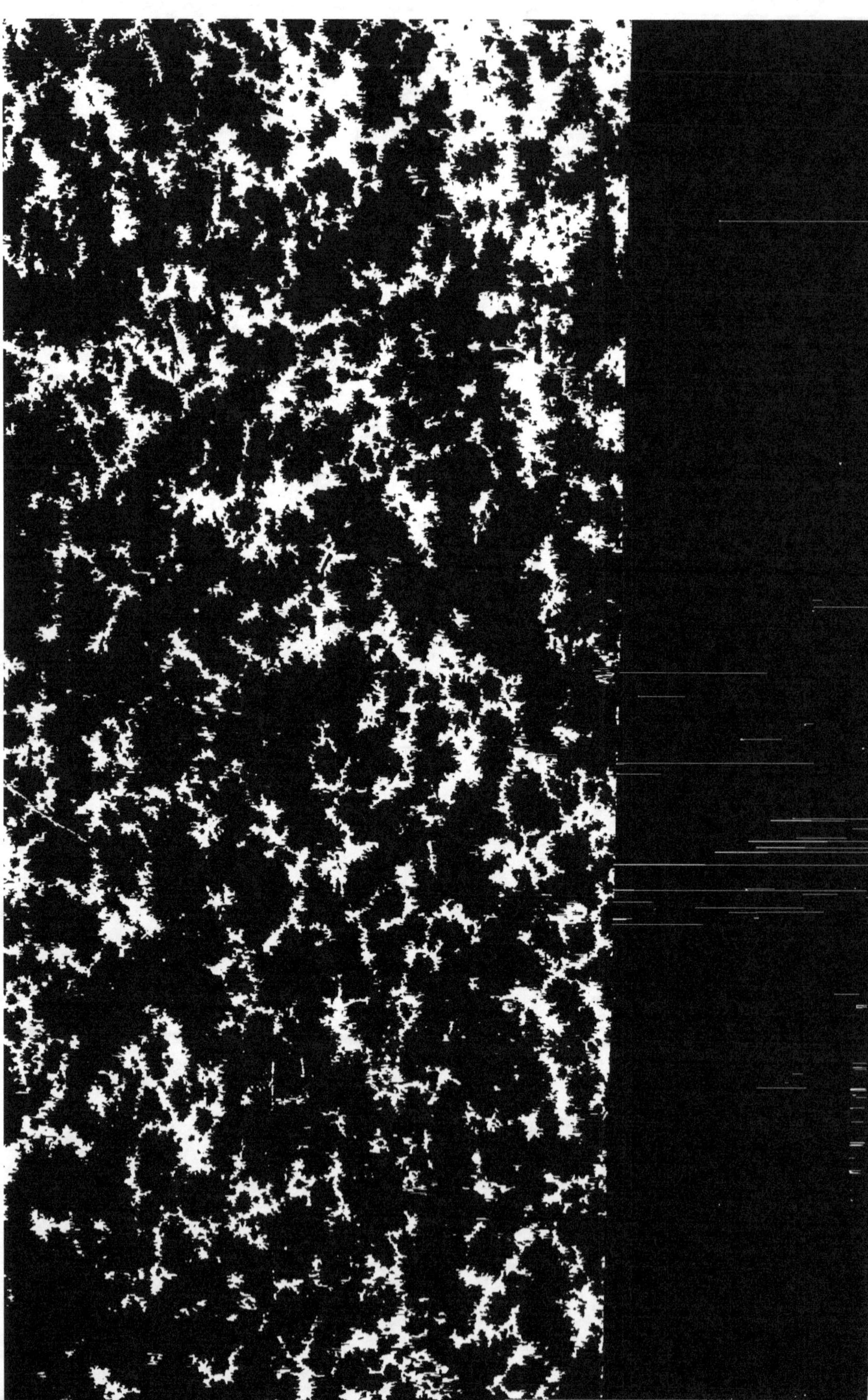